AF263797

A MES CONCITOYENS

UNE

EXPLICATION NÉCESSAIRE

OU

SIMPLE EXPOSÉ DE POLITIQUE LOCALE

Par C. LEBRUN, avocat

Le peuple et les habiles composent
d'ordinaire le train du monde.

PASCAL.

Prix : 60 cent.

LONS-LE-SAUNIER

IMPRIMERIE ET LITHOGRAPHIE DE HENRI DAMELET.

1869

A MES CONCITOYENS.

UNE

EXPLICATION NÉCESSAIRE

Le peuple et les habiles composent
d'ordinaire le train du monde.
PASCAL.

Le Corps législatif procède en ce moment à la vérification des pouvoirs de ses membres. Cette préalable opération aura pour effet certain de raviver successivement sur nombre de points du territoire des passions qu'on croyait éteintes et de tirer de la nuit du passé, des faits récents, mais déjà tombés dans l'oubli.

Or, depuis la dernière lutte électorale, je sens peser sur moi, dans l'esprit d'une partie de mes concitoyens, des préventions qu'il est de mon devoir de dissiper, des inimitiés que je veux tenter d'apaiser.

J'ai la conscience d'avoir agi en honnête homme ; je tiens à le prouver.

Vous tous qui voulez être libres, sachez d'abord être justes.

Des actes publics, je le reconnais, appellent des explications publiques. Je viens vous les donner.

Un homme d'honneur ne doit jamais souffrir que sa

conduite soit taxée de versatilité, de faiblesse ou d'inconséquence.

D'ailleurs, en me harcelant comme elles l'ont fait, non point par des attaques directes, franches et dignes, signées de noms connus, mais par des insinuations parties on ne sait d'où, des sous-entendus, des allégations fausses ou des refus d'insertion, certaines feuilles locales me forcent à publier les motifs de mon attitude politique.

Je le ferai sans réticence, et sans colère : *sine irâ et studio*, comme dit Tacite. Je dirai les faits, je discuterai les actes qui appartiennent à tous ; je tâcherai de ne point incriminer les individus, de garder les plus grands ménagements pour les personnes.

Mes anciennes relations avec elles m'en font une loi. Je chercherai à concilier le respect du passé avec les égards dus à la vérité.

Il est des moments où, quelque envie que l'on ait de se taire, il faut parler ; occuper de soi un public qui n'en a mais ; paraître chercher le bruit et l'éclat, lorsqu'on soupire après le calme, le silence et l'effacement.

Il est des occurrences où l'on est réduit à dire *je*, à se mettre en scène ; où l'on semble étaler à plaisir une personnalité vaniteuse quand on ne veut que préserver sa réputation et garder son honneur. Fâcheuse extrémité, quelquefois inévitable ; car le *moi* est haïssable, a dit Pascal.

Mais lorsque l'honneur est en jeu, rien ne doit arrêter, ni le dégoût, ni la tristesse, ni la crainte d'ennuyer ou même de déplaire. Quand le drapeau est menacé, le soldat se fait tuer pour le défendre.

En l'année de grâce 1865, sous la paternelle administration de M. de B..., le Jura dormait un long et pesant
sommeil de quatorze années. Le département était arrangé comme le casier d'un chef de division. Tout y était
prévu, étiqueté, numéroté : tout marchait à la baguette.
C'était un petit Olympe tremblant au moindre froncement
de sourcils du maître. La vie publique, qui commençait à
s'éveiller partout, n'était point encore soupçonnée dans
cet Eldorado administratif. Chacun allait à ses affaires, à
ses intérêts immédiats et le souffle naissant de la liberté
n'avait point encore effleuré ces montagnes dont les puissants échos, au commencement du siècle, avaient redit à
l'Europe étonnée, le chant grandiose de l'armée du Rhin,
l'hymne patriotique de la Marseillaise.

Les journaux d'alors étaient sous la tutelle la plus
étroite de l'Administration. Le préfet était consulté sur
tout et toujours obéi. Cet honorable fonctionnaire, au
faste près, satrape ou proconsul de sa province, était
aussi le véritable rédacteur en chef de tous les jour

naux politiques du département. — C'était comme dans
l'Empire du Prince-Caniche, le règne et le triomphe de
la *Vérité officielle.*

Cette situation devait sembler intolérable à qui sortait
de ce milieu parisien si intelligent, si frondeur, où la liberté des mœurs, du langage et des écrits a toujours
existé, même au plus beau temps de l'omnipotence admi-
nistrative et suppléé tant bien que mal la liberté légale,
absente.

Dès ce moment, je sentis la nécessité et conçus le projet de fonder, lorsqu'il serait possible, un journal indépendant des attaches administratives. Souvent je m'en
ouvris à des camarades, à des amis. Mais les circonstances n'étaient point propices ; on aurait vainement solli-
cité le baptême de l'autorisation préalable.

Enfin Malherbe vint. Au commencement de l'année
1867, des bruits de changements politiques considérables
circulaient sourdement. L'Empereur était allé se reposer à
Biarritz des soucis du gouvernement. Là, dans le silence
de la méditation, il avait compris que le moment était
venu de détendre les rênes de l'administration, de se relâ-
cher des rigueurs du gouvernement personnel, de repren-
dre et d'accentuer cette évolution libérale que la dictature
de 1852 avait si malencontreusement bien que forcément
interrompue. A ce moment, en effet, la compression était
nécessaire pour calmer l'agitation des esprits et raffermir
la société sur ses fondements ébranlés : *Salus populi
suprema lex esto.* — Mais, à mesure que s'éloignait le
souvenir des désordres et des excès d'une autre époque,
l'opinion devenait plus exigeante. Les événements d'ailleurs s'étaient chargés de battre en brèche le pouvoir personnel et de mettre en évidence cette vérité ; que quelqu'un a plus d'esprit que personne, c'est tout le monde ;
que tout souverain par cela seul qu'il est homme est fail-

lible ; que la somme de lumières et de sagesse la plus grande, dans l'ordre politique comme dans l'ordre moral, se trouve dans une assemblée librement élue, composée de l'élite d'une nation, de ses sujets éminents dans tous les genres. Ce principe, qui est le ferme appui du suffrage universel, trouve son expresssion politique dans la forme parlementaire et dans un gouvernement sérieusement représentatif.

La lettre du 19 janvier parut, annonçant de vastes projets de réformes, en partie réalisés depuis.

L'année suivante, le Corps législatif, après de longs débats, votait la loi sur la presse et celle sur le droit de réunion. Bien qu'incomplètes, bien que mêlées de restrictions et d'entraves nombreuses, bien que conçues dans un esprit étroit et basées, la première du moins, sur une théorie juridiquement inexacte et même impraticable, ces deux lois, par la suppression de l'arbitraire administratif, réalisaient de notables progrès.

Le moment était venu de fonder un journal : la carrière était ouverte. Après plusieurs mois de pourparlers, d'hésitations, de tâtonnements, de démarches, une circulaire fut lancée dans le public pour provoquer une souscription et réunir les fonds nécessaires à l'œuvre projetée. Elle était conçue en termes modérés ; elle s'adressait « à « tous les hommes de cœur et de bonne volonté, à quel- « que nuance libérale qu'ils appartinssent. » Elle faisait de l'*Union libérale*. Cette direction était sage et prudente. Le journal devait réussir en s'y conformant : il devait périr en la désertant.

Malheureusement on ne put réunir assez de noms modérés pour donner à cette combinaison sa signification entière et son efficacité pratique. On se plaça sous le patronage d'hommes de 48, d'opinion notoirement républicaine pour la plupart : ceci fut mal vu d'une partie du public et refroidit singulièrement les gens prudents.

Les adhésions recueillies, deux assemblées d'actionnaires furent successivement convoquées. La réunion eut lieu dans un appartement vacant de la maison L., place de l'Hôtel de Ville, 5. Toutes les précautions légales les plus scrupuleuses avaient été prises pour que cette réunion privée ne dégénérât point en réunion publique. C'était au moment des poursuites Lacy-Guillon. La Juris · prudence ne paraissait point nettement fixée : il pouvait y avoir danger à tenter l'exercice d'un droit récent et mal défini.

C'est dans une de ces réunions que les exagérés du parti, je ne les nomme pas, chacun les connaît, firent adopter le *vote par tête* quelque fût le nombre d'actions, et rejetèrent une combinaison mixte, qui satisfaisait en même temps à la justice et au sentiment d'égalité démocratique. Le projet des fondateurs était de donner une voix dans les assemblées générales d'actionnaires, aux porteurs d'une, deux ou trois actions jusqu'à cinq, de cinq à dix une seconde, et ainsi de suite par fraction de cinq actions sans que le chiffre total des voix pût s'élever au-dessus de dix. C'était dans une juste mesure, allier le respect du capital, à celui du suffrage individuel. Cette mesure fut rejetée en haine des gros capitalistes et spécialement de M. J. qui, du reste, avec une grâce parfaite, et peut-être trop prompte, avait été le premier à y renoncer.

C'est dans la seconde de ces réunions que M. de R. fut nommé directeur politique, littéraire, et financier du journal, investi d'une réelle dictature sur l'œuvre entière.

Cette proposition fut combattue par plusieurs, entr'autre par M. T., président de la réunion, qui, avec beaucoup d'à-propos, fit observer, que pour lutter contre le gouvernement personnel, il ne fallait pas commencer par le rétablir chez nous. M^rs. B., D. L. combattirent cette résolution par le motif quelle imposait un bien lourd fardeau à M. de R. Mais elle avait été concertée dès le matin ; elle était proposée par un groupe d'incorrigibles, entêtés de cette chimère du socialisme qui consiste à remettre toutes les forces vives de l'Etat entre les mains d'un seul, chargé de les répartir suivant les capacités et les œuvres de chacun. Comme toujours le groupe des violents, imposa ses choix et ses voix. La mesure fut décrétée et convertie en un article des statuts.

De ce moment tout le journal était entre les mains d'un seul. C'était sa chose, non celle des actionnaires. Il devait la tourner à son gré et la pétrir à sa guise. Pour masquer cette dictature, on institua une commission finan-cière composée de trois membres, sans attributions définies, sans pouvoir propre et distinct et dont l'existence, par suite, était et fut toujours purement nominale.

Le gérant fut désigné : pour moi je ne voulus prendre aucun titre. Je supposais que la part considérable et première que j'avais prise à cette œuvre, suffirait à m'assurer dans sa direction une notable influence. J'étais en bonnes relations avec les titulaires : Je pensai que tout s'arrangerait pour le mieux C'était peu connaître les hommes.

Ici j'insère une petite anecdote. Le jour même où parut, le premier numéro du Jura et avant que le tirage fût achevé, j'eus occasion de voir et de consulter à propos de l'article programme du directeur politique, un célèbre avocat du barreau bisontin. Il le lut attentivement, puis, avec une verve et une justesse impitoyables, se mit à le démolir pièce à pièce, du commencement à la fin, affirma qu'il ne contenait ni un programme ni une direction politique quelconque, mais qu'il posait tout simplement la candidature aux prochaines élections du directeur politique. Il termina en me disant : vous avez commis une faute énorme, celle de remettre la direction d'un journal qui pouvait être utile, aux mains d'un homme qui en a besoin pour lui-même, qui l'absorbera tout entier et s'en servira non pour le pays, mais pour lui seul. C'est vrai, répondis-je, mais les actionnaires l'ont ainsi voulu : ils ont fait un petit coup d'Etat contre nous pour nous évincer. Le mal est fait, nous n'y pouvons rien. — Avec sa longue expérience des hommes et des choses, l'avocat bisontin avait deviné juste et mis le doigt sur une plaie aujourd'hui incurable.

C'est exactement ce qu'a dit dans une lettre adressée à M de R. et forcément insérée comme réponse par le *Jura* dans son n° du 9 juin, M. Alphonse Jobez, l'un des principaux actionnaires fondateurs de ce journal : « Je savais « que je n'avais à attendre aucune justice de votre journal « fondé par toutes les nuances libérales et confisqué au « profit de quelques personnes.» Dans une circulaire adressée aux électeurs de la 3ᵉ circonscription, M. Jobez revient encore sur le même fait. « Il ne m'appartient pas « de parler... de l'attitude d'un journal qui, fondé par « toutes les nuances du parti libéral, m'attaquait au mépris de son origine, et n'insérait pas l'appel fait par moi « aux électeurs après la mort de l'honorable M. Chevas-« sus, parce que cet appel aurait mis à néant les atta-« ques dirigées contre mon caractère. »

Je m'arrête ici et ne veux point entrer dans de plus grands détails qui pourraient dégénérer en personnalités ou en indiscrétions. Les individus me sont indifférents, et il m'est facile d'être impartial à leur égard. Seuls, les doctrines ou les faits m'importent et me sollicitent. Je dirai seulement que, dès l'origine, j'ai remarqué avec peine et surprise, la disposition constante des directeurs du journal à tourner leurs regards vers Paris, à prendre conseil des amis de Paris, à ne vouloir agir qu'avec leur approbation ou leur concours. Les événements subséquents m'ont seuls complétement éclairé à ce sujet.

Quand on fait une chose bonne et utile, qu'on la fait avec indépendance, droiture et résolution, on n'a besoin de l'aide ni de l'approbation de personne. Si on ne l'a point on s'en passe. Je ne m'incline devant aucun fétiche politique. Laissons au passé les hommes du passé. A chaque jour suffit sa tâche ; à chaque époque sa génération d'hommes.

Une foule de petits faits, des conversations, des indices, des froissements, des discussions, finirent par me convaincre que j'étais de trop dans l'œuvre commune. J'étais considéré comme clérical, et environné de méfiance. Il me souvient même avoir un jour excité une tempête en lisant une réponse très-bienveillante de Mgr de St-Claude auquel j'avais fait part de la fondation du *Jura* et annoncé qu'il ne serait hostile ni à la religion, ni au clergé. Ces gens-là sont nos ennemis! s'écria quelqu'un aujourd'hui député. Plusieurs fois, j'eus à subir des interrogatoires des fortes têtes du parti, sur mes opinions politiques. Je compris, trop tard, que j'étais suspect. Il a un pied dans les deux camps, disait un malin, ce qui, du reste, était parfaitement vrai. J'étais libéral et non démocrate, encore moins socialiste ou révolutionnaire. J'avais conservé toutes mes relations officielles ou autres, et je ne comprends pas qu'on puisse en briser aucune pour cause d'opinion politique. Je dirai même d'une certaine politique, ce que Pascal disait d'une certaine philosophie : « Je n'estime pas qu'elle vaille une heure de peine. »

A la date du 3 novembre 1868, ma résolution était prise de cesser complétement et pour jamais ma collaboration au *Jura*. Je le fis connaître au directeur politique, par une lettre en date de ce jour, dont j'ai conservé copie. J'en extrais les passages suivants : — « Monsieur, voici quelque temps déjà que je désirais vous soumettre, à vous et à M. M..., quelques considérations graves, relativement à ma collaboration au *Jura*. Je n'ai point encore osé le faire de vive voix ; je vous les fais parvenir écrites.

« Vous êtes républicain, je ne le suis pas ; du moins je ne le suis qu'en théorie. J'admire la République comme un idéal de gouvernement, comme une *limite* vers laquelle il faut tendre, mais que nous poursuivrons longtemps encore sans l'atteindre. — Je crois que pour le moment un gouvernement sérieusement parlementaire nous suffit.

« En second lieu, je ne désire point la *chute* du gouvernement impérial, mais sa *conversion*.

« Au point de vue religieux, je crois que nos opinions ou convictions ne concordent guère. Sans être catholique au sens strict du mot, et s'il faut pour cela accepter dans toute son étendue le symbole ultramontain, je suis resté chrétien par le cœur et par les principes : le catholicisme est pour moi une question réservée, non close. Je doute, mais je ne nie point ; je ne crois pas, mais ne veux point attaquer ; je n'erige point mes doutes en affirmations.

« Enfin au point de vue littéraire même, je pense n'être point entièrement d'accord avec vous. J'ai tort assurément, mais je tiens à ma façon de voir. Le style simple, nu et impersonnnel, auquel vous visez, ne me paraît point du tout le vrai style, celui qui est l'homme lui-même avec son développement tel quel.

« De ces prémisses et d'autres encore, je conclus que je dois, à regret sans doute, mais que je dois me retirer du *Jura*. Je suis heureux d'avoir contribué à la fondation d'une œuvre qui peut être utile à mon pays ; mais je sens qu'au point de vue d'une sérieuse honnêteté, qui littérairement consiste à dire ce

que l'on croit vrai, à ne dire que cela, et à le dire sous
une forme personnelle, ma collaboration au *Jura* devient
difficile, sinon impossible. — J'y resterai attaché ainsi
qu'à ses rédacteurs par un lien d'affection et de bonnes
relations, je l'espère du moins. Si jamais un sujet de
quelque importance et qui pût cadrer avec la couleur
républicaine de votre feuille, m'attirait et m'entraînait,
j'ose espérer que le *Jura* ne me refuserait point une
petite place très modeste, si toutefois il n'avait rien de
mieux à imprimer...

« Voilà les considérations que je voulais vous soumettre. Je regrette qu'une fusion plus intime n'ait pu s'opé-
rer entre nous. Il y a dans une certaine mesure incom-
patibilité de principes, il doit y avoir disjonction, etc. »

Ma lettre déposée à la boîte du journal y fut oubliée
pendant huit jours. A la date du 9 décembre, le directeur
politique me fit une réponse fort aimable dans laquelle
il me disait regretter cette séparation et m'engageait
instamment à continuer de prendre part, au moins à la
rédaction littéraire du Jura. N'étant point autorisé à
publier cette lettre, que j'ai entre les mains, je me contente de la mentionner. Mais ma résolution était prise et
appuyée sur des motifs trop graves pour n'être point
définitive. Je n'ai depuis ce moment pas inséré une
ligne au *Jura*.

Le 9 décembre 1868, j'écrivais au gérant, qui de son
côté m'avait adressé une lettre fort aimable pour m'en-
gager à ne point me séparer d'eux : « Je n'ai qu'à me
féliciter des excellentes relations qu'à l'occasion du journal
le *Jura*, j'ai nouées avec vous et avec M. de R.. ; mais les
relations et les principes sont deux choses, et lorsqu'à tort
ou à raison, je crois une question de principe engagée,
il est rare que je revienne sur mes déterminations. Je ne
vous redirai point ce que contient ma précédente lettre,

ni les motifs, pour moi péremptoires, de cesser ma collaboration au *Jura*. Je crois qu'au point de vue politique, religieux, et même littéraire, je ne suis point d'accord avec notre honorable directeur politique ; et pour moi, il est une chose qui prime toutes les autres, c'est d'agir en tout conformément à l'état actuel de ma conscience, de dire ce que je crois vrai, de blâmer et de combattre, ce que je crois faux et dangereux.

« Or, une de mes convictions les plus enracinées est celle-ci : qu'il n'y a point de liberté politique possible chez un peuple, dès que ses mœurs sont corrompues, ses croyances détruites, ses convictions absentes. Un système soit religieux, soit philosophique, me paraît l'indispensable charpente d'une morale, d'une moralité et d'une liberté sérieuses. Je m'occupe, même en ce moment, d'un opuscule sur ce sujet.

« C'est vous dire que j'aurais désiré voir le *Jura* s'occuper davantage des questions sociales, économiques, morales et même philosophiques et ne pas se jeter uniquement dans une politique toujours un peu vague et creuse, quand elle ne se base pas sur une série d'informations précises, sur des faits nombreux et vus de près. Dans un journal de province, la politique doit être chose secondaire parce qu'un centre d'informations immédiates fait défaut et que les intérêts locaux doivent incontestablement y occuper la première place. Soyez persuadé, mon cher M., que si, malgré toute votre activité, le *Jura* ne réussit pas, c'est qu'il sera devenu l'œuvre d'un parti, plutôt que l'organe sérieux, désintéressé, équitable, des griefs et des intérêts locaux. Je vous signale même ce fait que plusieurs personnes à ma connaissance sont revenues à la *Sentinelle* comme mieux informée et plus utile.

« Mais il ne m'appartient plus guère de vous donner des avis. Je me retire du *Jura*, parce qu'il est autre que je ne l'avais rêvé. Nous avons été joués par un certain parti que vous connaissez, et pour moi, je ne veux pas me laisser mener où je ne veux point aller. Je veux faire de l'ordre et non du désordre. Je veux développer, améliorer et non renverser ; je veux rester spiritualiste et chrétien, parce que je le suis et que là est pour moi la source certaine et intarissable de tout progrès et de tout bonheur. Je veux enfin développer librement les aptitudes telles quelles que je possède et ne pas me coucher quotidiennement sur un lit de Procuste d'où je ne me relève qu'amoindri et mutilé. »

Le gérant, me répondit le même jour, 9 décembre, une lettre fort gracieuse que j'ai pareillement classée à sa date dans mon petit dossier. N'étant point non plus autorisé à la publier, je me contente d'indiquer sa date qui concorde avec celle que j'ai donnée plus haut.

J'avais voulu faire un journal utile au pays, préoccupé avant tout de ses intérêts. Je ne voulais pas servir d'instrument à des ambitions, me mettre à la remorque des passions ou des rancunes de gens qui prennent leurs instincts pour des idées et leurs convoitises pour des principes.

Mes convictions libérales, fruit d'une vie d'étude et de réflexion, sont restées entières : elles n'ont été ni engagées, ni compromises dans cette bagarre ; elles ne pouvaient sombrer dans cette débacle. Les principes survivent aux faits, les dominent et les éclairent ; les faits souvent attristent ; toujours les principes élèvent et consolent.

Je me suis engagé dans cette entreprise ardue de la fondation d'un journal, soutenu et porté par l'ardeur de convictions enthousiastes, d'aspirations naïvement généreuses. — Je m'en suis retiré dans toute la tristesse d'une amère déception et d'une désillusion entière.

Un instant je fus découragé ; dans ma correspondance de cette époque, je retrouve une lettre, d'un des hommes qui m'ont toujours été le plus sympathiques par la libérale élévation de leur esprit, la communicative chaleur de leurs convictions et de leurs conseils, M. Edouard Laboulaye. — « Il y a des déceptions qui sont difficiles « à supporter, m'écrivait cet homme illustre qui est aussi « un homme de bien ; mais en travaillant on oublie, et « toutes les blessures se guérissent avec le temps. Puis- « que vous savez écrire, écrivez ; imposez-vous quelque « tâche de longue haleine, et puisque la vie est un com- « bat, luttez jusqu'au bout ; vous finirez par rencontrer « la victoire en chemin. Si vous ne la rencontrez pas, ce « qui arrive à bien d'autres, vous vous rendrez cette jus- « tice que le sort seul vous a trahi et vous aurez pour « vous la joie de votre conscience. C'est le seul témoi- « gnage qui ne trompe pas. »

A partir de ce moment, je conservai des relations, bien que moins fréquentes, avec les personnes; je n'en eus plus aucune avec le journal.

Le mois qui précéda les élections, j'eus occasion d'aller passer trois semaines à Paris. J'y retrouvai des parents, des amis, les uns magistrats, les autres avocats ou jour-nalistes. J'entendis beaucoup parler de Ferry, de Gambetta, de Bancel et de tous les irréconciliables. Je me plongeai le plus possible dans ce courant d'idées, de doctrines, d'ambitions, d'instincts et de passions qui, surexcités par la fièvre électorale, agitaient alors si violemment la démocratie parisienne. J'assistai avec indignation à ce spectacle tout nouveau : Jules Favre, sifflé, Thiers compromis, Ollivier opprimé et durant trois heures empêché de parler. J'étais à Paris le lendemain de la réunion et des désordres du Châtelet. J'assistai aux promenades militaires de la Garde impériale à travers la capitale, sur les quais et les boulevards. J'appris que bon nombre de gens aisés, dans la crainte d'un mouvement populaire, s'étaient réfugiés à la campagne.

Ma conviction fut faite. En présence des violences du socialisme, il n'était plus permis de douter de son existence. Je crus voir ce parti, les cent mille hommes vaincus en juin 1848, relever la tête et protester contre l'Empire. Je crus et je crois à la discipline parfaite, à l'organisation secrète et puissante de ce parti, à sa direction par un comité central établi à Paris. Le seul fait du patronage de la candidature de M. Gagneur a été pour moi un trait de lumière dans cette nuit sombre.

L'ordre était donc compromis. La Révolution était à nos portes. Les violents, les incorrigibles, les irréconciliables, tous ceux qui se font gloire d'agiter le fantôme de l'éternelle revendication étaient là, présents, organisés, sous les armes, marchant au scrutin comme un seul homme.

Je tremblai pour mon pays, je crus voir compromettre en un instant, tous les progrès réalisés, tous ceux que l'avenir, un avenir pacifique tient en réserve. Depuis quelques années, on avait si inextricablement embrouillé toutes choses que la question du libéralisme, n'était point pour beaucoup d'esprits distincte de celle des revendications socialistes. Et pourtant, quelle distance entre ces deux systèmes, entre ces deux partis, inconversibles et irréconciliables ceux-là, pour qui pénètre le fond des choses, véritables antipodes du monde social. L'un c'est l'avenir et l'autre le passé; l'un c'est la décentralisation, la liberté, le développement de la personne humaine, l'autre, c'est la concentration, le despotisme autoritaire et l'étouffement de l'individu. Mais les habiles s'étaient bien gardé de distinguer tout cela. On voulait avoir aux élections l'appoint du groupe socialiste, nombreux et populaire.

Je crus que le moment était venu pour tout bon citoyen de se jeter dans la lutte, de payer de sa personne et de sa plume s'il le pouvait.

Alors, je me résolus à publier mes appréciations potiques, à mettre dans le plateau de la balance électorale le poids de ma signature et la notoriété telle quelle que m'avaient acquise mes actes antérieurs, mon initiative dans la fondation du *Jura* et ma collaboration active à ce journal.

Je l'ai fait avec peine, mais sans regret. Cette démarche mettait fin à des relations peu solides, rapidement nouées, rapidement brisées. Il en est d'autres plus anciennes, qui me tenaient plus au cœur. Pour celles-là, ce n'est pas de moi qu'est venue la rupture.

C'est alors que j'écrivis dans la *Sentinelle* et dans le *Courrier* ces deux articles : *La Vérité aux électeurs*, et les *Révolutionnaires et les Libéraux*, qui ont si fort chagriné les gens du parti radical. J'en avais préparé plusieurs autres qui n'ont pu être publiés. Ceux-là étaient destinés aux électeurs ruraux, les seuls sur qui, à la dernière heure, on pût encore agir. Si j'en crois ce qui m'est revenu de toutes parts, si j'en crois même les attaques des correspondants officieux du *Jura*, ils n'ont point été sans quelqu'heureuse influence. Le jeudi suivant, je reçus la visite de personnes de la campagne, notaires ou propriétaires aisés qui m'en firent compliment, me pressèrent de les faire tirer à part et répandre à profusion dans les villages ; mais il était matériellement trop tard.

Voilà ce que j'ai fait, et j'en suis heureux,

Je le ferais encor si j'avais à le faire.

A présent que les élections sont terminées, que le ré-- sultat total et définitif en est connu, il est facile d'en dé- gager le sens général, et de voir si je me suis trompé dans mon appréciation de la situation politique de notre pays.

Je cède la parole à des voix plus autorisées que la mienne. Voici quelques jugements portés sur l'ensemble et la tendance des dernières élections par des gens com- pétents, députés sortants ou publicistes connus.

Le 29 mai 1869, M. Guéroult écrivait dans l'*Opinion Nationale* : « Est-il possible de se méprendre sur la signi-- « fication des noms qui succombent et de ceux qui triom- « phent? n'est-il pas évident que les élections de Paris « sont une sorte de déclaration de haine et de mépris « signifiée au Gouvernement, un refus de transiger, de « s'entendre, un manifeste de guerre? Le nom de Raspail, « celui de Rochefort, l'auteur de pamphlets injurieux « pour l'Empereur, ne permettent de conserver aucun « doute sur le sens radical et personnel des élections de « Paris. Les modérés disparaissent, les violents surgis- « sent; la bataille n'est pas encore dans les rues, elle est « déjà dans les esprits.

« On commence par proscrire M. Emile Ollivier, on « finit par éliminer M. Jules Favre au profit de M. Ro- « chefort, (c'était avant l'élection qui a suivi le ballotage,) « qui demain, sera éliminé à son tour par un plus pur. « D'épuration en épuration on en arrive à laisser le Gou- « vernement en tête à tête avec quelques cervaux ardents « dont les écarts ne serviront qu'à rendre la majorité « plus homogène et plus compacte. Est-ce ce que l'on « veut ? »

Le lendemain de la réunion du Châtelet, un éminent journaliste, M. Emile de Girardin, écrivait dans la *Liberté* (15 mai 1869).

« Entre l'Opposition irréconciliable qui présente pour

« candidats assermentés MM. Bancel, Georges Baudin,
« Gambetta, Laurier, Henri Rochefort, et le Gouverne-
« ment qui est entré timidement, lentement, tardivement,
« mais enfin qui est entré dans les voies de la liberté, en
« effaçant du code pénal le délit de coalition et la con-
« trainte par corps et en délivrant de l'autorisation préala-
« ble les journaux cautionés et les réunions publiques,
« je n'hésite pas : Je préfère la liberté restreinte, la
« liberté graduelle à la Révolution intolérante, à la Révo-
« lution qui ne recule devant aucune ingratitude, devant
« aucune violence, devant aucune imposture. »

Un publiciste de grand talent, un esprit sage et modéré,
M. Ch. de Mazade écrit dans la *Revue des Deux-Mondes*
du 1er juin : « Ce qui a caractérisé les récentes élections et
« ce qui en fait une nouveauté, c'est qu'elles ont été une
« tentative violente pour déplacer toutes les questions,
« pour transformer l'opposition libérale qui était la repré-
« sentation de tout le monde en une opposition radicale
« qui ne pouvait plus représenter qu'un parti. C'est
« qu'elles ont été sous certains rapports une œuvre de
« fantaisie, d'emportement et de confusion. L'œuvre n'a
« point réussi complétement ; elle a cependant réussi
« encore assez pour jeter le trouble dans les esprits, pour
« nous laisser en présence d'une situation pleine d'obs-
« curité et peut être aggravée. »

M. Gustave Janicot, écrit dans la *Gazette de France* du
30 mai 1869 :

« Il n'y a pas de manœuvres qui n'aient été employées,
« pas de calomnies qu'on n'ait répandues pour repousser
« les hommes qui devaient personnifier l'ordre, la liberté,
« le bon sens dans la Chambre nouvelle, donner d'utiles
« conseils, ne pas s'écarter d'un examen attentif et éclairé
« des faits et des comptes.

« Si le Gouvernement n'a que deux éléments à la Cham-

« bre, les *complaisants* et les *violents*, il espère recouvrer
« dans son intégralité le gouvernement personnel que
« MM. Thiers et Jules Favre n'ont cessé d'ébranler et
« que des hommes comme MM. de Larcy et Andral com-
« batraient avec fruit pour le pays. »

Le même journaliste de talent accuse très-nettement
dans son numéro du 5 juin 1869, le but que pour-
suivait l'*Union libérale*, à laquelle nous nous faisons
gloire d'appartenir.

« Ce que voulait l'*Union libérale*, c'était simplement
« provoquer une manifestation calme qui ne permît pas
« au pouvoir de se méprendre sur la volonté de la France,
« de recouvrer la totalité de ses libertés perdues.

« Pour arriver à ce résultat, il fallait que les hommes
« à systèmes, que les violents, que les *autoritaires de
« toutes couleurs* (les socialistes sont des autoritaires),
« fussent écartés sans miséricorde, parce qu'il était évi-
« dent que le gouvernement personnel tenterait de rega-
« gner tout ce que lui avait fait perdre la ligue de l'*Union
« libérale* en favorisant les violents et en effrayant ceux
« que l'évidence des fautes commises par l'absolutisme,
« ramenait logiquement à la liberté. Avant tout, il fallait
« donc combattre les *violents qui devenaient les alliés
« naturels du Gouvernement dans cette circonstance.* »

J'aurais pu citer des extraits de journaux anglais, prin-
cipalement du *Times*, appréciant exactement de la même
façon le sens et la portée générale de nos élections.

Mais voilà assez d'extraits, je m'arrête. — Les trou-
bles si graves et si persistants de St-Etienne, de Nantes,
de Bordeaux, de Paris, de presque toutes les grandes
villes de France, donnent leur sens aux candidatures
radicales de l'opposition, et témoignent à l'évidence que
le socialisme n'est point mort, que le spectre rouge n'est
pas un vain mot, que les partageux existent, que les

hommes de désordre, les violents, les irréconciliables
sont plus nombreux qu'on ne le supposait. Certes, il y
a dans ce parti beaucoup d'honnêtes gens, de gens éclairés, convaincus, d'une parfaite droiture et d'une modération non suspecte. Mais ceux-là, précisément, à cause de
leur modération seraient vite dépassés, et impuissants à
contenir les autres. Jamais la digue de l'honnêteté et du
respect n'a pu tenir devant le flct des passions popu-
laires.

Notre éducation politique est loin d'être faite; qui sait
si elle le sera jamais? Le vent de la faveur populaire est
instable, et parfois, au sein des masses, souveraines de
par le suffrage universel, il se produit de ces courants
souterrains d'opinion qui déroutent tous les calculs, et
peuvent, au jour de l'élection, boulverser l'ordre en
apparence le mieux établi. Le suffrage universel serait
une excellente institution chez un peuple instruit, éclairé,
de mœurs saines et chez qui l'amour de la patrie serait
vivace et prédominant.

Mais dans notre état imparfait de civilisation c'est une
arme à deux tranchants qui trop souvent blesse la main
qui s'en sert. Quand on pense que le vote du premier
chiffonnier venu, égale en puissance et en efficacité celui
d'un Thiers ou d'un Guizot; que l'un peut annuler l'autre,
et qu'ils pèsent exactement le même poids dans la balance électorale, on no peut s'empêcher de reconnaître
que cette institution a été prématurée, excessive, qu'elle
est imparfaite et dangereuse. Le suffrage a deux degrés
était assurément plus rationnel et plus sage. Il y a des gens,
et ils sont nombreux, qui par état se trouvent dans une
impuissance absolue d'arriver à une intelligence quelconque des hommes et des choses de la politique. L'ouvrier
fabricant d'horlogerie, par exemple, qui passe sa vie à per-
cer un petit trou dans une petite pierre qui doit supporter le

rouage d'une montre, ne doit guère comprendre l'importance ni les résultats de son vote ; il suffira de lui pro-
mettre la diminution des impôts, la réduction du service
militaire et surtout l'augmentation des salaires, pour le
tourner dans tel ou tel sens. Mais quand ensuite, il
s'apercevra qu'on l'a trompé, il descendra dans la rue et
fera des émeutes. Il y aurait un beau livre à écrire sous ce
titre : *De l'influence de la division du travail sur le développement intellectuel et moral des classes industrielles.*

Oui, je le dis avec tristesse, nous autres Français, nous
manquons à la fois et de sens politique et des mœurs de la
liberté. La contradiction nous irrite ; la violence, les changements à vue, les spectacles dans la rue, nous plaisent
et nous attirent. Les plus intelligents d'entre nous n'ont
guère que l'esprit de parti, étroit et mesquin, qui veut
le triomphe de telle ou telle opinion, de telle ou telle
dynastie et non le bien seul du pays.

Dans notre état actuel, nous sommes souverainement
impropres à la République. Un gouvernement aussi parfait
suppose des hommes perfectionnés Le principe du gouvernement républicain, dit Montesquieu, c'est la vertu, c'est
à dire cette disposition d'àme qui toujours fait préférer le
bien général à l'intérêt particulier. « Les politiques grecs
qui vivaient dans le gouvernement populaire ne recon-
naissaient d'autre force qui pût le soutenir que celle de
la vertu. Ceux d'aujourd'hui ne nous parlent que de ma-
nufactures, de commerce, de finances, de richesses et de
luxe même. » (Esprit des lois, livre III ch. III.)

Cette direction des volontés particulières vers le bien
général n'existe plus chez nous. La *spécialisation* a tué
l'esprit politique comme l'esprit religieux. Il y a comme
une sorte de détente générale et d'affaissement continu. Dans les intelligences comme dans les mœurs, rien
de fixe ni de résistant ; plus de lien, d'unité, plus de

principes communs, de convictions arrêtées; les croyances sont détruites, les convictions absentes, les mœurs
relâchées ou corrompues, et tout l'atteste, les témoi-
gnages les plus divers le confirment: la décadence des
arts, l'abaissement de la littérature, l'absence d'esprit
public, la disparition de l'esprit de famille. L'égoïsme qui
se résout dans l'intérêt particulier, l'amour du lucre, de
la jouissance sous toutes les formes et par tous les moyens
envahissent, priment et abaissent toutes choses. Tout des-
cend d'un mouvement continu, peut-être irrésistible.
Bientôt nous n'avons plus rien de ce qui fait la force, la
grandeur et la noblesse des individus et des peuples. *Cor-*
rumpere et corrumpi sæculum vocatur, disait Tacite, par-
lant de son époque qui ressemble singulièrement à la nôtre.
Nous ne sommes presque plus un peuple, nous sommes
une poussière d'individus.

La conséquence dans l'ordre politique de cet affaissement moral, c'est l'exagération du pouvoir, la centralisa-
tion portée au comble, le despotisme. Joubert, a dit une
parole qui résume de longs développements et qui est
comme l'abrégé de toute la science politique: « Il faut que
les hommes soient les esclaves du devoir ou les esclaves
de la force. » La moralité ou le sabre, voilà les deux pôles
sur lesquels tourne le monde social.

Pour moi, je ne vois point comment un individu, comment un peuple peut-être libre sans être moral, ni moral
sans être croyant. J'entend ce mot au sens non théologi-
que, mais spiritualiste.

Un moraliste américain, qui a été un saint et un homme
de génie à la fois, celui qu'on a nommé le Fénelon
américain, Channing, pasteur protestant à Boston, écrivait en 1831 : « J'ai foi dans l'avenir du monde, mais
« je ne suis pas sans inquiétude. Il y a bien des motifs de
« s'alarmer quand on considère la force que le despo-

« tisme puise dans sa concentration et dans l'unité de son
« action, dans les divisions qui se glissent nécessaire-
« ment parmi les hommes dont la pensée est indépen-
« dante et surtout dans l'esprit factieux et égoiste des
« prétendus amis des institutions libres. Pour moi, rien
« ne me décourage plus que l'absence du principe moral
« et religieux en France. Je n'entrevois pas comment un
« peuple corrompu pourrait atteindre à un meilleur état
« de choses et comment un gouvernement libre pourrait
« s'établir solidement dans un pays où il n'y aurait aucun
« élément de confiance mutuelle, ni aucune source de dé-
« vouement. J'attends avec un ardent désir quelque ma-
« nifestation du sentiment religieux en France. »

Tous nos avortements politiques depuis cette époque,
sont venus tristement confirmer les prévisions de ce
grand citoyen de la libre Amérique. Puisse-t-il n'avoir
point été le prophète d'un avenir plus triste encore !

Voilà quelques-unes des raisons qui dès longtemps
m'ont fait douter de l'établissement immédiat en France
d'une liberté totale. L'affranchissement de toute règle, le
libertinage est le plus grand obstacle à la liberté.

Je reviens à mon sujet que j'oublie aisément, parce
que, par la fatalité des choses, il est trop personnel. Il me
semble que les explications que j'ai données sont nettes,
et qu'elles seront comprises de tous les honnêtes gens.

Mon évolution à pu paraître brusque et même étrange
aux personnes qui, ne me connaissant pas et n'ayant pu
apprécier le progrès de mes idées, m'ont fait à ce moment l'honneur de s'occuper de mon humble personne. Il
y a sept mois que dans mon esprit elle était accomplie.
Je n'ai pas hésité à la rendre publique quand, à tort ou à
raison, j'ai cru l'ordre menacé et la société en péril. Cette
appréciation qui est celle de bien des gens mieux placés
que moi pour voir, me paraît encore aujourd'hui que la

fumée et les excitations de la lutte sont tombées, parfaitement juste et véridique, appuyée et soutenue par les faits soit antérieurs, soit actuels.

Mais, me dit-on, vous avez fait les affaires de l'administration et de son candidat. C'est possible ; mais je ne suis point assez ennemi de l'administration ni du gouvernement de mon pays que je n'aime mieux faire leur affaire, que celle du socialisme, des républicains ou des violents.Tant mieux si en étant agréable à l'administration, j'ai été utile au pays. Je déclare très-nettement que si, à un moment donné, j'avais eu le très-grand honneur d'être M. Emile Ollivier, au lieu de me contenter de ce rôle magnifique d'inspirateur de la loi sur la presse et des réformes du 19 janvier, j'aurais très-probablement accepté le ministère qui m'était offert, afin de veiller à leur stricte exécution.

D'ailleurs, M. Dalloz s'est présenté comme candidat *conservateur libéral*. C'est exactement ma nuance et je ne vois pas trop pourquoi je n'ajouterais pas foi aux promesses publiques et aux solennels engagements d'un homme d'honneur.

Puis il y a un fait, qui, à mon sens, domine toute la situation. J'ai été très frappé de voir que les députés même les plus officiels, aient été contraints par l'accentuation du courant libéral, de faire des déclarations de principes et des professions de foi qui en 1857 et même en 1863, auraient été regardées comme des professions de foi d'*opposition*.

Ceci donne la mesure des progrès accomplis, et témoigne hautement d'un puissant réveil libéral, dans la masse de la nation.

Obligés de se retremper dans ce courant dont ils ont senti toute la force ; contraints de se mettre en rapport avec leurs commettants dont ils ont vu de près les aspirations et les besoins, les députés de toute nuance ont pris des engagements auxquels, dans leur intérêt même, ils ne sauraient désormais se soustraire.

Si, dans le passé, leur rôle a été quelquefois trop humble et effacé, dans l'avenir, il sera celui du contrôle grandissant, sérieux, efficace, patiemment résolu, hardiment investigateur, décidé à faire avant tout le bien du pays. Car ils se sentiront appuyés par cette opinion, que dès longtemps Pascal a nommée la reine du monde.

Je le disais dans un de ces articles qui m'ont attiré les haines d'un parti : « Ne compromettons pas follement les « progrès accomplis, ne jouons pas le jeu sanglant des « révolutions. Envoyons au Gouvernement, pour le con- « seiller, des hommes qui soient dévoués à l'ordre autant « qu'à la liberté, à la dynastie comme au progrès, qui veuil- « lent le bien du pays, par les moyens légaux et pacifiques. « Et dans dix ans, soyez-en sûrs, nous serons aussi « libres qu'en Amérique; car l'élan est donné, il est irré- « sistible. »

C'est le cas de dire avec P. L. Courrier, et avec plus de raison que lui : « Le coche est en branle, mes chers amis, « et ne cesse d'aller. Si sa marche nous paraît lente, c'est « que nous vivons un instant. Mais que de chemin il a « fait depuis cinq ou six siècles ! A cette heure, en plaine « roulant, rien ne le peut plus arrêter. »

Oui, si nous mesurons les progrès accomplis, en réfléchissant à ceci que les premiers pas sont en toute chose les plus difficiles ; si nous savons nous rendre compte des aspirations actuelles de la nation, si surtout nous savons nous garer des révolutions, il est impossible que dans dix ans, sauf peut-être l'élection présidentielle, nous ne soyions aussi libres qu'en Amérique, le pays classique de la liberté, la terre idéale de la démocratie sage, paisible, industrieuse et juste.

Voilà les explications publiques que je devais à mes concitoyens, à mes amis, à mes ennemis, d'actes publics et connus de tous.

Dans l'étroite sphère d'une existence modeste, j'ai fait pour la politique, ce que j'ai essayé de faire pour cette chose autrement grande qu'on nomme la religion. Dans une brochure intitulée la *Montagne à propos de la souris ou le problème de l'instruction à l'occasion des cours publics*, j'ai défendu la religion, exalté la morale, et montré brièvement leur influence capitale sur le perfectionnement et le bonheur de l'homme. — Lorsque récemment, j'ai vu ou cru voir un dignitaire du clergé, énonçant des doctrines exagérées, importées d'au-delà des monts, tenter de faire sortir la religion de son domaine naturel et d'étendre les décisions de l'orthodoxie, bien au-delà des limites que leur assignent l'histoire et le sens commun, je n'ai pas hésité à le dire publiquement et vivement. — On m'avait appelé clérical, — quelques-uns m'ont taxé d'impiété ; plusieurs m'ont su gré de mon courage.

De même, lorsque le silence était complet et unanime, j'ai essayé de doter notre département d'un organe libéral, dévoué au pays, soucieux avant tout de ses intérêts, esclave de la vérité et de la justice seules, désintéressé, impartial et indépendant. — Quand par une suite de circonstances malheureuses, ce journal est devenu celui d'un parti, qu'il s'est mis au service d'un homme et d'une coterie, je m'en suis retiré triste, mais non découragé, désillusionné, mais non abattu.

Ce que j'ai fait là, toujours je le ferai. Dans un moment de compression, j'oserai revendiquer la liberté ; dans un moment d'effervescence, de désordre ou de licence, j'appuyerai de toutes mes forces l'autorité, source de l'ordre, premier et indispensable besoin des sociétés. — Les gens à courte vue crieront à la trahison, les gens éclairés applaudiront à mon honnêteté et croiront à mon dévouement à la chose publique. Dès longtemps j'ai appris de Fénélon à préférer la famille à l'individu, la patrie à la famille, l'humanité à la patrie.

Dans l'application, la politique est affaire de tatonnement et d'à-propos Elle consiste à mener les hommes au progrès par des voies régulières, légales, pacifiques; à perfectionner sans renverser ; à tenir compte de ce qui est, de l'état des mœurs et des esprits, pour arriver par une initiation lente et successive, à ce qui doit être, à l'amélioration intellectuelle, morale et matérielle du sort du plus grand nombre, au sein d'une prospérité toujours croissante.

Je crois avec le plus grand économiste et l'un des premiers écrivains de notre siècle, Frédéric Bastiat, « que « l'invincible tendance sociale est une approximation « constante des hommes vers un commun niveau phy-« sique, intellectuel et moral, en même temps qu'une « élévation progressive et indéfinie de ce niveau. Je crois « qu'il suffit au développement graduel et paisible de « l'humanité que ses tendances ne soient pas troublées « et qu'elles reconquèrent la liberté de leurs mouve-« ments.

Je reste donc ce que j'ai été dans le passé, ce que je serai dans l'avenir, un libéral convaincu et impénitent ; mais un libéral prudent qui veut la conquête avant la possession, le noviciat avant la robe; qui poursuit la liberté uniquement par les moyens légaux et constitutionnels; qui veut la liberté saine et robuste, celle qui élargit la vie sans troubler la tête, celle qui s'obtient peu à peu par des revendications successives concordant avec l'épuration des mœurs et la préparation des esprits ; la liberté qui est une habitude de virilité, une aptitude à la vie publique, une force qui se contient ; non celle qui est une ivresse, une frénésie, un danger avant d'être un désordre. Je repousse hautement la liberté extorquée ou imposée par des moyens violents et révolutionnaires qui vont droit contre le but et en fin de compte amènent infailliblement la compression, la dictature, le despotisme et la servilité. L'œuvre de la violence est passagère, celle de la sagesse est seule durable. Savoir se contenir, voilà pour les peuples comme pour les individus, le secret de la force, le moyen de la vertu et du bonheur.

Oui, je reste profondément attaché à une doctrine qui est celle de tous les grands esprits y compris Napoléon Ier (1), et où j'entrevois pour mon pays une ère de grandeur, d'épanouissement, d'éclatante prospérité, de rayonnement fécond, sous une loi librement consentie et volontairement pratiquée.

Mais le temps est la condition de toutes les choses humaines. Gardons-nous de l'impatience qui devance l'heure ; gardons-nous de la violence qui ruine sans édifier. Dans la société comme dans la nature, le vrai progrès est insensible.

Soldat obscur, mais dévoué, de la grande cause du progrès j'ai publiquement servi la liberté, lorsque dans notre département peu osaient encore le faire.

---

(1) Le 29e volume de la Correspondance de Napoléon, est précédé d'une lettre adressée par le Prince Napoléon (Jérôme) à l'Empereur. On y remarque les passages suivants: « d'une lecture soutenue et suivie, « il ressort avec la dernière évidence que la pensée de Napoléon à Ste-« Hélène, est une pensée d'émancipation pour l'humanité, de progrès « démocratique, d'application des grands principes de notre révolu-« tion.

« Tels les derniers rayons du soleil couchant, derrière l'immensité « de l'océan, éclairent le ciel, telle la pensée de Napoléon Ier éclaire « l'avenir. Sa croyance, ses conseils suprêmes ont été dirigés vers « l'émancipation des peuples et leur liberté. »

Voilà certes une grande autorité et un témoignage bien inattendu; mais aux cent jours, Napoléon s'était aidé des conseils de B. Constant. il voulait la liberté de la presse et un contrôle sérieux des actes du gouvernement par le pays. Il était converti, mais trop tard.

J'ai défendu l'ordre quand je l'ai cru compromis, et cela, au risque de m'aliéner d'anciens amis, de me créer des inimitiés nombreuses.

Que les hommes me jugent comme ils voudront. Le seul point qui m'importe, c'est de faire quand même ce que je crois le bien, d'obéir avant tout à ma conscience, et de n'être jamais que d'un seul parti, celui de la justice, de la vérité et si, je puis, de la vertu.

Fais ce que dois, advienne que pourra, disait la forte honnêteté de nos pères. C'est aussi ma devise, j'espère y rester fidèle.

Et maintenant, toutes les agressions possibles ne me feront sortir ni de mon calme ni de mon bon droit. Il y a des vies qui défient toute attaque et des consciences dont la droiture et la loyauté sont à l'abri du soupçon.

Je n'ai qu'un regret, c'est d'avoir été forcé de parler souvent de moi, et quelque peu des autres. C'était une nécessité de mon sujet et de ma situation : voilà mon excuse. Je crois l'avoir fait d'ailleurs avec respect et ménagement. Mais il est des cas où il n'est pas permis d'hésiter. La réputation, c'est la fleur de la vie ; on ne doit pas souffrir qu'aucun souffle la flétrisse.

> *Fama loquax parvenit ad aures*
> *Dejanira, tuas, quæ veris addere falsa*
> *Gaudet et a minimo sua per mendacia crescit.* OVIDE, 9 met.

« La renommée bavarde est venue à tes oreilles, Déjanire ; elle se plaît à ajouter le faux au vrai, et de rien, grâce au mensonge, elle fait quelque chose. »

FIN.